L'Oracle de la Flamme d'Ankaa

Illustré par Anaïs Toutin.

ISBN : 978-2-7029-1952-1

Ces cartes ont été conçues pour vous guider uniquement aux niveaux spirituel et émotionnel. Elles ne se substituent en aucun cas à l'avis d'un médecin ni à un traitement médical.

www.editions-tredaniel.com
info@guytredaniel.fr
www.facebook.com/editions.tredaniel
le_courrier_du_livre

Stéphanie Abellan

L'Oracle de la Flamme d'Ankaa

Comprendre et libérer ses blocages émotionnels et amoureux

Illustrations de Anaïs Toutin

LE COURRIER DU LIVRE
27, rue des Grands-Augustins
75006 Paris

SOMMAIRE

Le petit mot de l'auteure

C'est avec une joie incommensurable qu'Anaïs et moi-même vous proposons, après *L'Oracle d'Ankaa*, un nouvel outil tout aussi puissant, mais plus ciblé.

En effet, cet oracle répond à une problématique et des blocages que nous sommes nombreux à subir : les mémoires cellulaires relatives au couple, à notre façon d'avoir été aimé·e, à notre vision de l'amour et aux séquelles que nos expériences négatives ont laissées sur nous. Je vous souhaite de puissantes libérations et prises de conscience grâce à ce nouvel oracle.

Un grand merci à Anaïs Toutin, du compte Instagram @toutinart, qui a réalisé ces magnifiques aquarelles intuitives et avec qui la connexion fut fluide et efficace tout au long de la création de ce projet.

Je vous souhaite à tous de magnifiques libérations, une vie emplie de résilience, d'espoirs, d'évolution et, surtout, d'amour de vous-même ! N'oubliez jamais que vous êtes parfait·e·s, souffrant·e·s, mais parfaitement parfait·e·s. Ce sont vos faiblesses, vos épreuves, vos échecs qui vous construisent et font de vous l'être lumineux que vous êtes.

Stéphanie
Les medeores d'Ankaa

Fonctionnement de l'oracle

Cet oracle a été créé et imaginé afin que vous puissiez, par vous-même, nettoyer et libérer les états émotionnels et énergétiques parfois pesants que vous pouvez ressentir, liés à l'amour et plus particulièrement au chakra du cœur.

Grâce aux trois catégories de cartes, vous pourrez savoir très facilement et très rapidement d'où proviennent les angoisses, les peurs ou les émotions négatives présentes en vous et, surtout, comment les libérer afin de gagner en sérénité et en légèreté.

Cet oracle se compose des trois parties suivantes :

Cartes du chakra racine (rouge)

Cette catégorie représente la racine du problème : quand le blocage a-t-il été créé ? Ce sont les souffrances profondes et les conditionnements liés à votre domaine affectif, qui surgissent de temps à autre dans votre vie et qui vous bouleversent. Cette catégorie est la première à utiliser, car elle vous indiquera la période durant laquelle s'est créé le blocage encore ancré. Elle est constituée de 6 cartes représentant les 6 origines possibles de votre mal-être :

- Les vies antérieures.
- La lignée transgénérationelle.
- Les blessures de l'âme.
- Les blessures de l'enfance.
- Les expériences traumatisantes de l'âge adulte.
- Le·la partenaire ou ex-partenaire.

Cartes du chakra du cœur (rose)

Cette catégorie de cartes vous indiquera quel est le problème causant cette distorsion émotionnelle en vous. Grâce à elle, vous allez pouvoir déterminer ce qui affecte votre cœur et vous embrume émotionnellement. À travers chacune des 33 cartes, chaque aspect de votre être sera représenté.

Cartes du chakra coronal (violet)

La dernière catégorie est associée au chakra coronal. Elle vous permettra de vous libérer du blocage. Chacune des 12 cartes vous indiquera quelle méthode est la plus adaptée à votre problème, en association avec les deux autres cartes tirées auparavant. Il vous suffira d'appliquer le conseil proposé pour libérer efficacement votre nœud cellulaire.

Non seulement chaque tirage vous permettra de trouver et de débloquer le problème qui vous perturbe, mais vous conscientiserez également le nœud bloquant qui est présent. Grâce à ce travail, vous allierez la puissance du nettoyage de la mémoire cellulaire, la puissance de l'intention et la puissance de l'auto-guérison émotionnelle : votre conscient travaillera main dans la main avec votre inconscient.

Comment utiliser l'oracle ?

Comprendre d'où vient une problématique

Lorsque nous avons souffert, nous avons tendance à créer ou à alimenter des croyances négatives et limitantes liées à l'expérience. Par exemple, si vous avez été trompé·e dans votre précédente relation, vous aurez un penchant inconscient pour la croyance « les hommes ne sont pas fidèles », ou bien que « les femmes ne sont pas de confiance » ou encore « me mettre en couple me rendra toujours triste ».

Pour chaque expérience, votre esprit va mettre en place des vérités absolues sans que vous en ayez conscience : peut-être avez-vous été trompé·e, mais, pour votre mémoire bloquante, ce sera par exemple :

« les hommes me rejettent car je n'ai aucune valeur ». Il n'y a aucune logique dans la création de mémoire cellulaire, car tout est question de la perception de votre âme à l'instant T.

Ces cartes vous permettront donc de connaître précisément la nature du blocage afin de pouvoir le libérer et de le travailler sur un axe inconscient (grâce à cet oracle) et sur un axe conscient (en modifiant vos pensées limitantes chaque fois qu'elles viennent à vous).

Prenons un exemple afin de vous montrer le fonctionnement de l'oracle.

Je vais poser une question qui pourrait vous préoccuper : « Pourquoi est-ce que j'attire des partenaires qui me trompent ? »

Le tirage indique les 3 cartes suivantes :

Ces cartes nous indiquent que la racine du nœud provient d'une vie antérieure. Votre âme a vécu une ou plusieurs vies dans lesquelles elle était seule et fréquemment laissée pour compte. Vous vibrez encore de cette énergie et de la douleur dans laquelle cela vous a enveloppé·e. Tant que l'expérience et la douleur ne sont pas transcendées, vous pouvez revivre ce schéma, encore et encore, sous différentes formes, jusqu'à ce que vous arriviez à être en paix face à lui.

La dernière carte nous indique comment libérer la mémoire : en faisant un acte d'engagement. Cela signifie que vous allez devoir vous engager auprès de vous-même à vous aimer, à vous occuper de vous et à vous choyer afin de modifier vos vibrations pour que l'autre puisse s'aligner à celles-ci.

Comment interpréter les cartes ?

Afin de mieux vous approprier cet oracle, voici le descriptif détaillé de chaque carte, classée par catégorie :

Première catégorie : Localiser la mémoire douloureuse

1

La lignée transgénérationnelle

Cette carte vous indique que le nœud de votre problème provient d'une mémoire liée à votre lignée transgénérationnelle. Cela signifie que, quelque part dans votre arbre généalogique, un événement a suscité une cristallisation émotionnelle et énergétique chez un membre de votre famille, qui a été si intense qu'il s'est figé dans l'ADN collectif de toute la lignée.

Ces mémoires peuvent s'activer chez vous et rester éteintes chez les autres membres de la famille. Elles ne sont pas vécues de la même façon par tout le monde. Elles dépendent de nombreux paramètres : selon les jours et les événements, vous pouvez réveiller certaines mémoires perpétrées depuis des générations sans avoir aucune idée de ce qui se trame à l'intérieur.

2

Les vies antérieures

Cette carte vous indique qu'une des mémoires de vos vies antérieures vient de se réveiller et vous fait revivre les émotions qui lui sont liées. Elle est en lien avec une relation, une séparation ou une émotion intense non digérée. Cette carte vous signale que le blocage provient d'une autre de vos incarnations et que ce mal-être expérimenté aujourd'hui n'est qu'une réaction au nœud déjà présent dans votre mémoire cellulaire.

3

Les blessures de l'enfance

Cette carte vous indique qu'une expérience liée à la petite enfance est encore douloureuse. Cela comprend la période intra-utérine (les neufs mois de grossesse où vous ressentiez déjà les émotions et les flux énergétiques de votre mère, ainsi que des personnes transitant autour), mais également l'expérience de la naissance, les premiers jours d'adaptation à la vie sur Terre, ainsi que les premières années de vie, jusqu'à environ la majorité.

4

Les blessures de l'âme

Cette carte vous indique que le problème et les émotions vécues sont liés directement à l'état d'âme de votre être. Votre âme s'incarne avec des blessures et des traumatismes qu'elle vient panser et résoudre. Cela peut être une blessure d'abandon profonde qu'elle porte en elle, de la tristesse, du rejet, de l'injustice…

Chaque âme arrive avec son lot de choses à vivre et, durant toute son incarnation, elle tend à s'en libérer. Parfois, le poids de ces blessures peut vous donner une impression de vague à l'âme provenant de nulle part et dont vous ne trouvez pas la source.

Cette carte vous permet de relativiser ces émotions afin d'accepter de travailler sur ce qui doit être nettoyé présentement.

5

Traumatismes d'adultes

Cette carte vous indique que vous êtes toujours sous le joug d'une expérience adulte récente, dont vous n'avez pas encore digéré l'impact émotionnel et énergétique.

Cet état a peut-être été refoulé, ou peut-être êtes-vous encore dans le déni de l'effondrement que cela a occasionné en vous. Cette carte vous invite à regarder en vous ce qui n'a pas encore été accepté et digéré.

6

Partenaire ou ex-partenaire

Cette carte a deux significations possibles. La première est que l'une de vos anciennes relations amoureuses vous envoie de mauvaises pensées et énergies. Cela s'appelle plus communément de la « magie noire » : lorsqu'une personne se calque sur votre énergie et profère des pensées ou des paroles malveillantes, elle envoie des « poignards énergétiques » qui, si vous êtes déjà fatigué·e énergétiquement, peuvent affaiblir votre état de bien-être général et vous donner des coups de blues ou provoquer des émotions négatives.

La seconde possibilité est un résidu de lien lié à une personne que vous avez côtoyée et qui vous aurait si profondément blessé·e que vous êtes encore « énergétiquement » relié·e à elle par cette émotion et cette douleur.

Deuxième catégorie : Comprendre le mal-être lié à la mémoire bloquée

7

Trahison

Cette carte vous signale qu'un nœud émotionnel s'est créé dans votre mémoire cellulaire à la suite d'une trahison affective. Cette mémoire a créé un encodage qui peut vous pousser à manquer de confiance envers l'autre, même lorsqu'il n'a rien à se reprocher. En libérant cette mémoire, vous vous autorisez à oublier l'expérience négative afin de bâtir vos futures relations sur des bases saines.

Mairie

8

Peur de l'engagement

Cette carte vous indique qu'une profonde peur liée à l'engagement est ancrée en vous. En libérant cette mémoire, vous vous autorisez à modifier vos futurs potentiels et à y positionner la possibilité d'être à deux.

9

Lien au père

Cette carte indique qu'une mémoire liée à la figure paternelle (soit le père, soit la personne ayant représenté cette figure durant la petite enfance) a été réveillée, ainsi que le lot de souffrances qui l'accompagne. En libérant cette mémoire, vous vous autorisez à dénouer les blocages vous reliant à votre lignée paternelle.

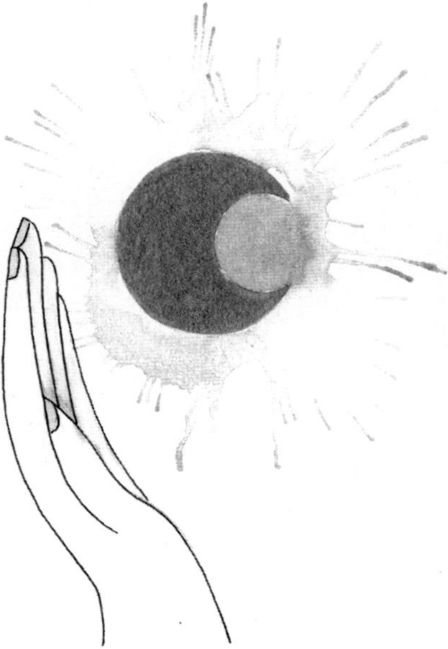

10

Lien à la mère

Cette carte indique qu'une mémoire liée à la figure maternelle (soit la mère, soit la personne ayant représenté cette figure durant la petite enfance) a été réveillée, ainsi que le lot de souffrances qui l'accompagne. En libérant cette mémoire, vous vous autorisez à dénouer les blocages vous reliant à votre lignée maternelle.

11

Jalousie

Cette carte vous indique que des mémoires liées à de la jalousie vivent encore en vous. Ces mémoires peuvent concerner un ou une partenaire, ou ex-partenaire, ou bien des amis, des proches ou des connaissances. Vous jalousez quelque chose que vous n'avez pas ou vous êtes jaloux·se pour protéger ce que vous pensez être à vous.

En libérant cette mémoire, vous vous autorisez à faire remonter vos vibrations en chassant ces résidus émotionnels négatifs.

12

Manque de confiance

Cette carte vous signale que vous possédez encore des mémoires de « non-mérite ». Votre regard inconscient sur vous-même est déformé et vous vous dépréciez dès lors qu'il s'agit de votre valeur au sein de votre couple ou au moment de rencontrer un partenaire. En libérant cette mémoire, vous vous autorisez à prendre pleinement possession de votre rayonnement intérieur et de votre plein potentiel.

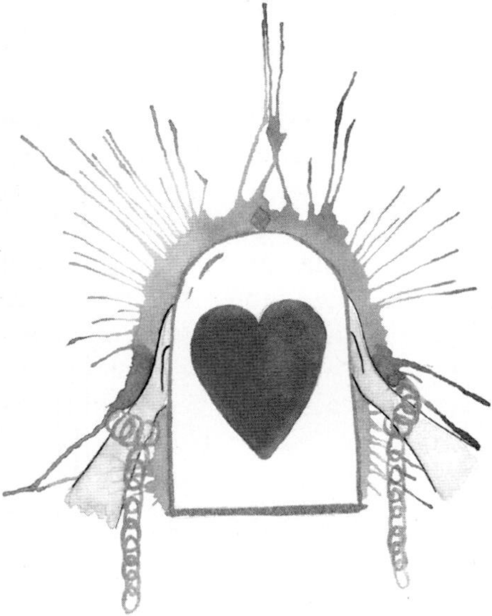

13

Possessivité

Cette carte vous indique qu'une mémoire souffrante peut vous pousser parfois à être dans une énergie de possessivité, voire de contrôle de l'autre et de la relation, ou de la relation espérée. En libérant cette mémoire, vous vous autorisez à replacer une énergie d'équité et de sérénité dans vos relations.

14

Lien d'âme fort

Cette carte vous indique que votre nœud bloquant est lié à une âme avec laquelle vous possédez un lien fort. Cette connexion naturelle et évidente ne signifie pas pour autant que votre destin à deux soit facile, mais les expériences négatives communes sont encore ancrées dans votre mémoire cellulaire et ont besoin d'être libérées pour que vous puissiez avancer sereinement.

15

Pardon non accordé

Cette carte vous signale qu'une mémoire liée à une blessure profonde créée par un tiers n'a pas été pansée. Vous n'avez pas réussi à accorder votre pardon à la suite de ce traumatisme.

En libérant cette mémoire, vous vous autorisez à débloquer cette situation et à retrouver la sérénité.

16

Âme esseulée

Cette carte vous indique que vous portez en vous un passé et une vibration d'âme esseulée. Cela signifie que vous avez pris l'habitude, pour vous protéger et ne pas souffrir, de ne pas faire confiance à l'autre et de faire cavalier seul.

En libérant cette mémoire, vous vous autorisez à modifier la perception du passé et, par conséquent, de vos vibrations du présent pour laisser de la place à l'autre.

17

Trop-plein émotionnel

Cette carte vous indique que vous gardez en vous une multitude d'émotions non digérées en lien avec votre chakra du cœur. Ces émotions non traitées sont ainsi stockées dans votre chakra du plexus solaire et peuvent vous déséquilibrer tant qu'elles ne sont pas admises. En libérant cette mémoire, vous vous autorisez à faire un *reset* dans votre corps émotionnel.

18

Vibrations négatives

Cette carte vous indique que l'égrégore de vos pensées liées à l'amour vibre de façon négative. Toutes vos formes de pensée projettent ainsi ces vibrations négatives directement dans votre quotidien, ce qui impacte vos pensées, vos paroles, mais aussi vos actions, et tire votre énergie vitale vers le bas. En libérant ce blocage, vous vous autorisez à sortir de ce carcan et à rehausser votre énergie vitale.

19

Relation toxique

Cette carte vous indique que vous avez été sous le joug d'une relation toxique et qu'elle a laissé des empreintes dans votre mémoire cellulaire. Cette relation peut être amoureuse, amicale, mais aussi familiale. Le rapport que vous avez entretenu avec celle-ci vous a « habitué » à être traité d'une façon irrespectueuse, et vous avez gardé cette tolérance pour le non-respect et l'amour de soi enfouie au fond de vous-même, ce qui vous amène parfois à accepter des choses que vous ne devriez pas. En libérant cette mémoire, vous vous autorisez à être respecté et heureux sans avoir à souffrir.

20

Non-alignement à soi

Cette carte indique que votre être est perdu dans le chaos des nombreuses informations différentes qui émanent de vous. Vous n'êtes plus aligné sur votre moi profond, mais sur un moi que vous pensez devoir incarner. Vous avez besoin d'être recentré afin de retrouver votre guidance intérieure. En libérant cette mémoire, vous vous autorisez à suivre uniquement votre intuition et à vous aligner à vos envies profondes.

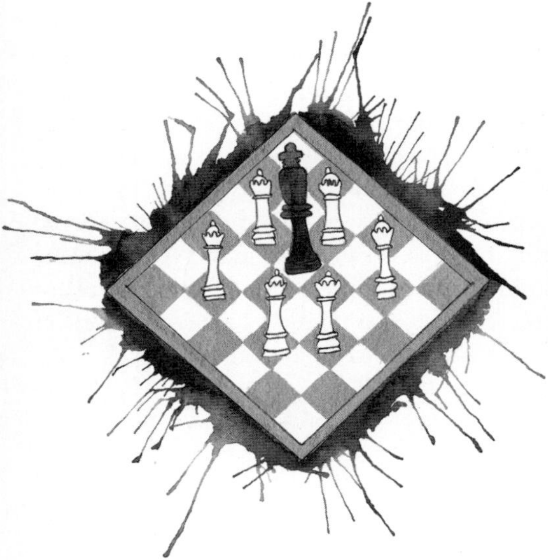

21

Lien non profond

Cette carte indique que vous vous obstinez à courir après une personne avec qui votre lien n'est pas profond. La relation fait écho à un manque de certitude à propos de ce que vous voulez et de ce que vous ne voulez pas. En libérant cette mémoire, vous vous autorisez à vider votre espace lié au chakra du cœur pour faire entrer de nouvelles personnes davantage en phase avec vous.

22

Relation miroir

Cette carte indique que vous possédez des mémoires liées à une relation miroir. Qu'elle soit passée ou encore présente, cette personne vous renvoie tout ce que vous ne voyez pas et que vous avez enfoui en vous. Cela peut être des émotions, des défauts, des expériences ou encore des traumatismes. En libérant cette mémoire, vous vous autorisez à vivre cette relation miroir de façon plus légère.

23

Sabotage émotionnel

Cette carte vous signale que vous sabordez sciemment votre destinée amoureuse, soit en choisissant les personnes que vous savez parfaitement inadaptées à vous, soit en sabotant les débuts des belles relations, ou encore en créant des tensions au sein de votre couple pour le tester. En libérant cette mémoire, vous vous autorisez à vivre enfin une belle histoire d'amour, celle que vous méritez tant.

24

Indépendance

Cette carte vous indique qu'une forte mémoire liée à une sensation d'étouffement est encore éveillée. Votre besoin d'indépendance en amour s'en trouve augmenté. En libérant cette mémoire, vous vous autorisez à trouver un équilibre entre espace vital et partage.

25

Promesses non tenues

Cette carte vous indique qu'une mémoire liée à des promesses non tenues a pu vous déstabiliser. Les émotions résultant de cette expérience, telles que tristesse, sentiment de trahison ou encore déception, ont formé des blocages en vous qui peuvent limiter la confiance que vous accordez à votre partenaire ou à la vie en général. En libérant cette mémoire, vous vous autorisez à replacer l'énergie de la confiance dans votre vie.

26

Enfermement

Cette carte vous indique que vous êtes dans une énergie d'enfermement. Des expériences douloureuses passées resurgissent et vous poussent à bloquer complètement votre chakra du cœur et vos émotions afin de vous protéger. En libérant cette mémoire, vous vous autorisez à être reconnecté·e à votre moi profond.

27

Tristesse

Cette carte vous indique une profonde tristesse enfouie en vous. Elle symbolise beaucoup de charges lourdes portées, de déceptions ou de désillusions. Ce sentiment d'injustice nourrit en continu l'égrégore de tristesse que vous emmagasinez.

En libérant cette mémoire, vous vous autorisez à retrouver la joie et la foi en l'amour.

28

Colère

Cette carte vous signale que le sentiment de colère est très présent chez vous. Cette émotion est une émotion piège, car elle est souvent reportée sur autrui, bien qu'elle ne concerne que nous. Nous sommes en colère d'avoir supporté des choses, d'avoir toléré des actions et des situations, alors que nous n'aurions pas dû. En libérant cette mémoire, vous vous autorisez à vous libérer de votre propre colère et à vous pardonner.

29

Amour de soi

Cette carte vous indique qu'une faille profonde liée au regard que vous portez sur vous vous empêche d'être pleinement épanoui·e. Votre amour de vous-même est fortement ébranlé. On vous demande alors de faire ce travail de reconstruction de votre capacité à vous aimer. En libérant cette mémoire, vous vous autorisez à montrer aux autres à quel point vous êtes une personne digne d'amour.

30

Mauvais choix

Cette carte vous indique qu'une mémoire bloquante, qui découle d'un choix que vous pensez avoir mal fait, s'est éveillée. En libérant cette mémoire, vous vous autorisez à expérimenter la sagesse de celui qui sait qu'aucun choix n'est mauvais, car chacun de ces choix mène au bon endroit.

R
R
R
R

31

Relations répétitives

Cette carte vous indique qu'une mémoire bloquante vous pousse inconsciemment à vous tourner vers les mêmes personnes et à vous engager dans le même type de relations. Si vous êtes en couple, elle indique que vous attirez à vous des comportements que vous ne cautionnez pas de la part de votre partenaire. En libérant cette mémoire, vous vous autorisez à ouvrir le champ des possibles et à modifier vos futurs rencontres et conditionnements.

32

Dépendance affective

Cette carte vous indique que vous vibrez de la peur d'être abandonné·e. Cette mémoire vous pousse à adopter des comportements amoureux qui ne sont pas habituels. En libérant cette mémoire, vous vous autorisez à trouver le juste équilibre dans vos relations amoureuses.

33

Peur de s'écouter

Cette carte vous indique un dysfonctionnement entre votre cœur et votre mental. Vous avez du mal à faire confiance à votre intuition et vous prenez souvent les décisions raisonnables au détriment de ce que vous dit votre cœur. En libérant cette mémoire, vous vous autorisez à être en harmonie avec votre moi profond, qui sait mieux que quiconque vous guider.

7
8
6
4
5
3
2
1

34

Enfants

Cette carte vous indique qu'une mémoire en lien avec les enfants ou les beaux-enfants vous bloque aujourd'hui. Cela peut concerner les enfants que vous avez choisis dans cette vie ou des mémoires liées à vos précédentes incarnations en tant que parents. En libérant cette mémoire, vous vous autorisez à libérer la lignée familiale des souffrances du passé.

35

Modèle biaisé

Cette carte vous indique que votre rapport à l'amour a été biaisé à cause du modèle parental que vous avez pu avoir et des croyances qui en découlent. Vous pouvez attirer à vous le partenaire, ou le couple, qui ne vous correspond pas, car vous rejouez le modèle familial, encore et encore. En libérant cette mémoire, vous vous autorisez à libérer cette croyance et à en rebâtir une autre, plus alignée à vos désirs.

36

Blocage temporel

Cette carte vous indique que vous êtes dans un blocage temporel dû à votre chemin de vie. Votre problématique du moment ne peut être encore résolue, car vous avez encore un cheminement à faire pour intégrer l'enseignement. En libérant cette mémoire, vous vous autorisez à accepter de ne pas pouvoir agir pour le moment et à lâcher prise.

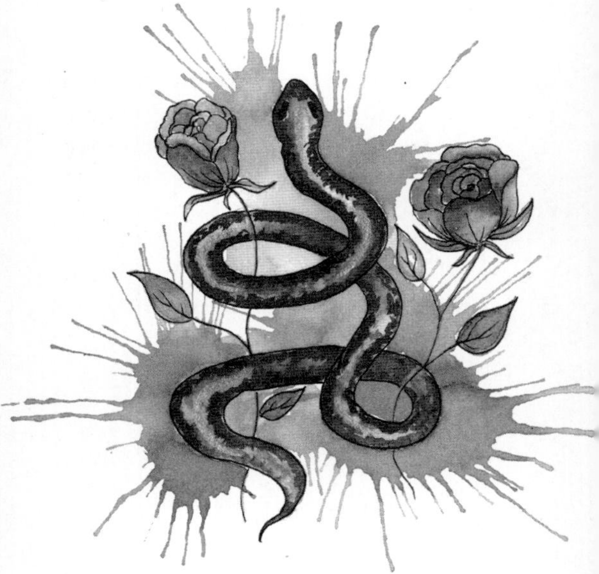

37

Sexualité

Cette carte vous indique qu'un blocage en lien à la sexualité vous empêche d'avancer et d'être épanoui. En libérant cette mémoire, vous vous autorisez à lever les tabous et les blocages liés à votre chakra sacré.

38

Relation précédente non libérée

Cette carte vous indique que des mémoires en lien avec votre précédente relation ne sont pas libérées. En libérant cette mémoire, vous vous autorisez à faire table rase du passé.

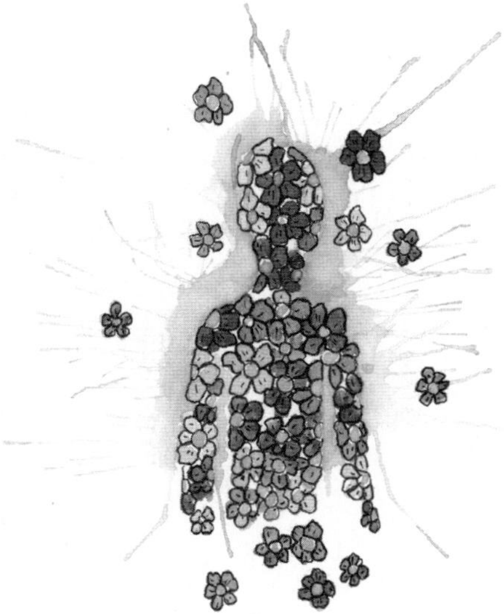

39

Idéalisation

Cette carte vous indique que vous êtes dans l'idéalisation du couple ou du partenaire, et que vos demandes ne peuvent correspondre à la réalité. En libérant cette mémoire, vous vous autorisez à accepter l'imperfection chez l'autre.

Troisième catégorie : Comment dénouer et libérer la problématique

40

Soin chakra du cœur

Cette carte vous indique que votre chakra du cœur s'est refermé afin de se protéger des fuites énergétiques dues aux souffrances expérimentées.

Afin de panser les plaies émotionnelles, et de permettre à ce chakra d'être en expansion et en bon fonctionnement, il vous faudra en prendre soin. Pour cela, plusieurs possibilités : vous pouvez porter une medeore[1] chakra du cœur ou faire une méditation axée sur ce chakra. N'importe quel exercice que vous pensez utile et qui vous parle peut être effectué pour libérer ce qui ne vous appartient plus. L'essentiel est de poser l'intention de libérer, peu importe le support que vous choisirez, le tirage aura déjà commencé la libération.

---

1. Une medeore est un bijou énergétique programmé pour libérer la mémoire cellulaire, en vente sur le site de l'auteure : www.lesmedeoresdankaa.fr

41

Nettoyage émotionnel

Cet exercice vous permettra de libérer la mémoire bloquante sur le plan émotionnel. Pour cela, nous allons utiliser l'élément lié à ce domaine : l'eau. Il vous suffira de vous munir d'une bouteille que vous aurez préalablement remplie d'eau.

Déposez votre tirage devant vous et prenez quelques minutes de silence en tenant la bouteille dans vos mains. Puis centrez-vous sur votre chakra du plexus solaire et laissez venir à vous les émotions, les souvenirs et les ressentis qui remontent lorsque vous êtes connecté à cette mémoire.

À chaque nouveau ressenti, videz un petit peu d'eau – l'idéal étant de le faire en extérieur et de « rendre » l'eau chargée à la terre. Vous allez libérer en douceur chaque émotion et vibration souffrante en lien avec cette mémoire. Si vous ne ressentez rien, ne vous inquiétez pas, ce n'est pas indispensable. Videz votre bouteille en conscience, en posant l'intention de libérer tout ce qui ne vous appartient plus et qui vous empêche d'avancer en lien avec ce blocage.

Jetez ensuite votre bouteille à la poubelle ou purifiez-la si vous souhaitez la réutiliser. Pour cela, la purification à la sauge est la meilleure méthode : allumez un bouquet et purifiez par fumigation pendant quelques secondes.

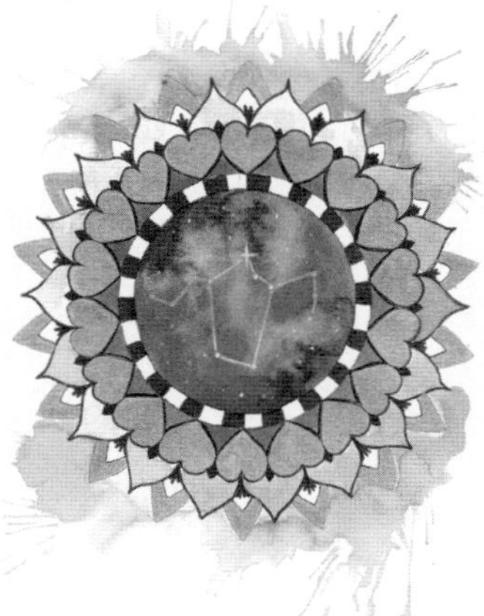

42

Lettre d'adieu

Cet exercice vous invite à utiliser l'écriture afin d'agir sur les blocages directement dans la matière. En effet, certaines mémoires seront plus facilement libérées lorsque votre conscient et votre inconscient auront posé noir sur blanc la raison de leur blocage.

Cette lettre pourra être faite à une tierce personne – si vous tirez une carte en lien à une ancienne relation ou à un parent –, mais également avec une émotion ou une attitude.

Par exemple, si vous tirez la carte « Colère », vous écrirez cette lettre à cette émotion, et vous lui demanderez pardon de l'avoir retenue si longtemps en vous car vous vous étiez blessé·e durant tout le temps où vous vouliez la garder. Vous pouvez aussi dire au revoir à tout ce que vous sentez que vous avez besoin de lâcher : votre culpabilité, vos croyances, votre peine...

Une fois la lettre terminée, débarrassez-vous-en de façon prudente en la brûlant ou en la jetant à la poubelle.

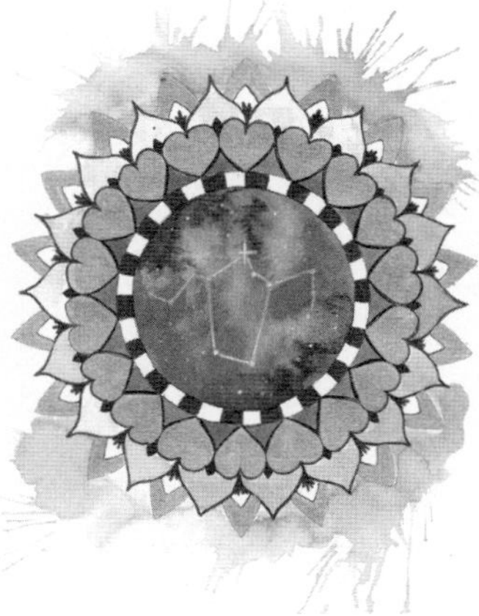

43

Couper les liens

Cet exercice de libération est un exercice de matérialisation. Il permettra de faciliter le deuil d'une relation et de couper les liens énergétiques qui peuvent vous lier à un·e ex-partenaire, parfois même de longues années après la séparation. Il est axé sur une libération dans la matière, car c'est là que votre lien est encore le plus présent.

Pour ce faire, il vous suffira de vous munir d'un rouleau de scotch. Tirez une bande et enroulez-la autour de votre index (du côté qui vous sera le plus pratique : main gauche si vous êtes droitier, et inversement), déroulez le rouleau sur environ 3 cm et coupez le ruban de façon à le détacher du rouleau.

Attachez la partie libre à une poignée de porte en l'enroulant autour fermement, de façon à ce que vous ayez un ruban tendu entre votre main et la porte.

Le ruban matérialise le lien de votre relation : votre ex-partenaire ne peut se libérer et partir par la porte, car il est encore accroché à vous, et vice-versa.

Vous allez donc répéter en conscience une phrase de libération – ou en imaginer une si vous le préférez – afin de matérialiser dans la matière ce désir de couper votre lien et d'aller de l'avant. Répétez :

« Je décide aujourd'hui de ne plus maintenir les liens négatifs et limitants de cette relation. Je n'en garderai que les bons souvenirs et l'expérience que j'en ai tirée, mais, désormais, je souhaite que nous fassions route séparément afin que nous trouvions la paix et la sérénité chacun de notre côté. Je remercie ton âme d'avoir joué son rôle afin de me faire grandir. Au revoir et merci. »

Coupez ensuite le morceau de scotch et retirez la partie qui entoure votre doigt. Vous avez coupé vos liens en conscience.

JUST MARRIED

44

Acte d'engagement

Cet exercice est destiné à vous permettre de faire face à vos peurs afin d'adopter l'attitude opposée pour les libérer.

Si un blocage est toujours en vous, cela signifie que vous n'avez gardé de l'expérience vécue que la racine de peur au lieu de la racine d'amour. Dans le domaine sentimental – peu importe la carte blocage que vous tirez ensuite –, il faut effectuer un acte d'engagement envers l'amour afin qu'il remplace cette peur qui émane de votre mémoire cellulaire.

Pour ce faire, vous allez simplement sélectionner un bijou au choix – ou un petit objet à porter sur vous si vous préférez. Cet objet sera le symbole de votre engagement auprès de l'amour : vivre dans la joie, rencontrer un partenaire merveilleux ou établir de meilleures conditions de vie auprès de votre partenaire actuel. Vous allez prendre ce bijou ou cet objet entre vos mains et fermer les yeux. Vous allez ensuite poser l'intention de laisser les peurs dans le passé en choisissant en conscience, à cet instant précis, de vous engager dans une énergie d'amour.

Une fois que votre bijou aura reçu cette énergie, portez-le jusqu'à ce que l'envie de ne plus l'avoir à proximité vous enveloppe. Lorsque vous ressentirez cette distance avec lui, cela signifiera qu'il a fait son travail. Alors, purifiez-le à la sauge pour ôter tous les résidus émotionnels et énergétiques restants.

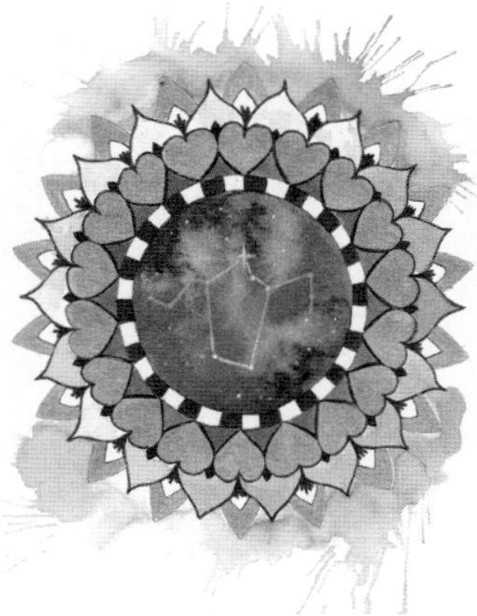

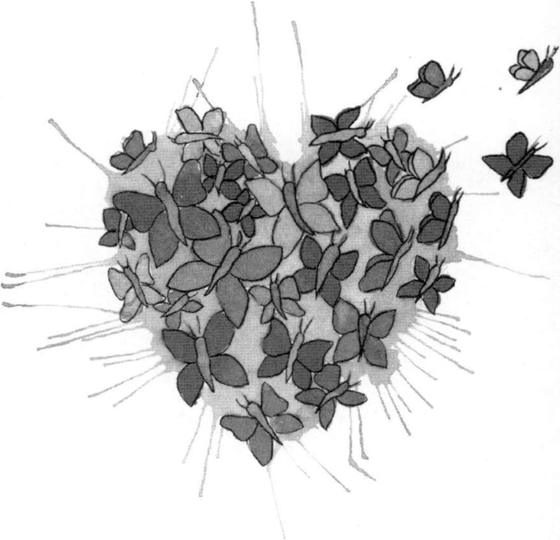

45

Visualisation créatrice

L'objectif de cet exercice est de vous détacher de votre mémoire bloquante sur le plan énergétique, car c'est là que votre blocage est le plus présent.

Pour ce faire, vous allez visualiser une bulle entourant la carte rose que vous aurez tirée dans le second tas de votre tirage.

Vous pouvez ensuite insérer dans la bulle toutes les émotions négatives ou reproches qui vous viennent, en lien avec la carte tirée. Par exemple, si vous avez tiré la carte « Trahison », vous pouvez visualiser l'ajout dans la bulle d'une tromperie amoureuse que vous n'avez jamais réussi à pardonner. Ajoutez tout ce que vous désirez dans la bulle : mot, image, émotion, objet… jusqu'à ce que vous ayez l'impression d'avoir « vidé » ce qui était en lien à tout cela.

Une fois votre bulle pleine, visualisez son envol dans le ciel jusqu'à ce qu'elle ait totalement disparu.

46

Purification

Afin de libérer votre mémoire, vous allez devoir purifier vos énergies dans la matière. Si vous maintenez des énergies agressives ou tristes depuis de longues semaines, voire des mois ou des années, cela se répercute sur vos vêtements, sur votre lieu de vie et sur tout ce que vous pouvez toucher au quotidien.

Vous allez donc devoir purifier votre aura et vos énergies avec de la sauge ou du palo santo. Il vous suffira d'allumer le bâtonnet et de faire le tour de chaque pièce une à une, en prenant soin d'ouvrir en grand les fenêtres. Privilégiez la matinée pour pratiquer ce rituel. Pour purifier correctement une pièce, il faudra passer le bâtonnet à proximité des arêtes de chaque mur. Commencez par les arêtes du bas, puis des angles et terminez par celles du haut.

Renouvelez régulièrement ce nettoyage. Lorsque vous tombez sur la carte « Purification » de cet oracle, posez en plus l'intention de libérer toutes les énergies négatives rattachées à cette mémoire.

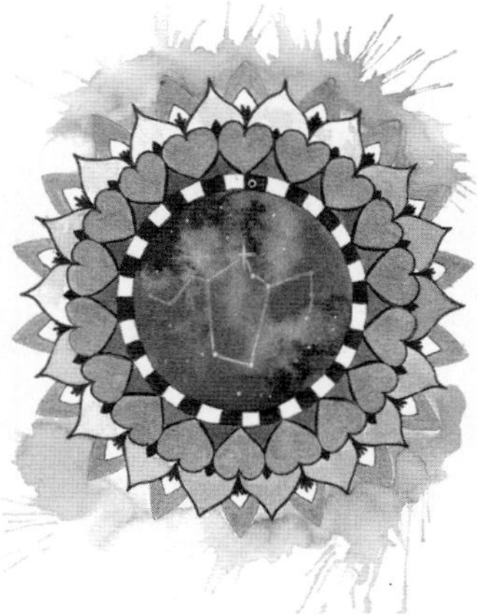

47

Aide d'un thérapeute

Cette carte vous indique que votre mémoire bloquante est dans une telle souffrance qu'un accompagnement extérieur serait judicieux afin de la libérer.

Vous pouvez choisir de porter un bijou medeore[2] en lien à la première carte si, par exemple, vous tirez les cartes suivantes :

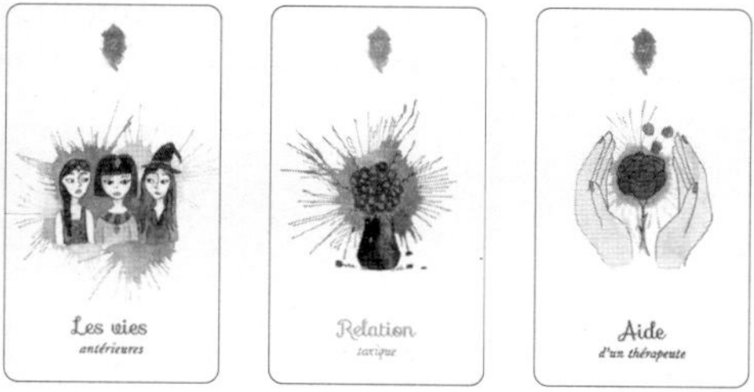

2. Retrouvez les bijoux de soins énergétiques medeores sur le site www.lesmedeoresdankaa.fr.

Vous pouvez choisir un soin medeore de libération des blocages des vies antérieures, mais d'autres thérapies peuvent être indiquées : pratique énergétique, hypnothérapie, kinésiologie... Si vous souhaitez approfondir, vous pouvez aussi travailler sur l'axe de libération de la deuxième carte comme, par exemple, « les relations toxiques » dans le tirage ci-dessus. Le travail peut être fait sur la carte du premier tas, sur celle du deuxième, ou des deux selon votre ressenti.

L'essentiel est que vous soyez attentif à votre ressenti quant au choix de la thérapie et du thérapeute. Ce lien est très important pour que votre cheminement se fasse en douceur.

48

Lettre de la loi de l'attraction

Cette carte vous invite à utiliser la loi de l'attraction pour libérer votre blocage. Vous allez simplement écrire une lettre – ou une liste si vous n'êtes pas à l'aise avec les lettres – dans laquelle vous demanderez ce que vous désirez dans votre vie affective.

Si vous êtes célibataire, vous allez décrire précisément comment vous aimeriez que votre partenaire soit physiquement, mentalement et émotionnellement.

Si vous êtes en couple, vous allez décrire précisément comment serait votre relation idéale.

Cet exercice vous permet de focaliser vos pensées sur ce que vous souhaitez, malgré ce qui vous a fait souffrir par le passé et dont vous ne voulez plus. En modifiant vos pensées et vos croyances, vous laissez partir la mémoire inutile.

49

Dialogue face au miroir

Cette carte vous invite à faire un exercice de dialogue à cœur ouvert avec vous-même. Vous avez besoin de ce temps. Vous allez mettre à plat ce qui vous fait souffrir et panser vos blessures encore à vif.

Pour cela, placez-vous devant un miroir et regardez-vous droit dans les yeux tout au long de l'exercice. Exprimez simplement ce que vous avez sur le cœur, selon ce que vous évoque le tirage effectué. L'objectif est de verbaliser vos souffrances en vous regardant droit dans les yeux. Reconnectez-vous à votre moi supérieur à travers le lien du regard. Si cela vous bloque, vous pouvez tout à fait vous placer devant le miroir seulement.

Une fois que vous aurez exprimé tout ce qui vous chagrine en lien avec votre problématique et aux réponses de cet oracle, terminez par des encouragements. Rappelez-vous à quel point vous êtes beau·belle, à quel point vous êtes fantastique et brillant·e.

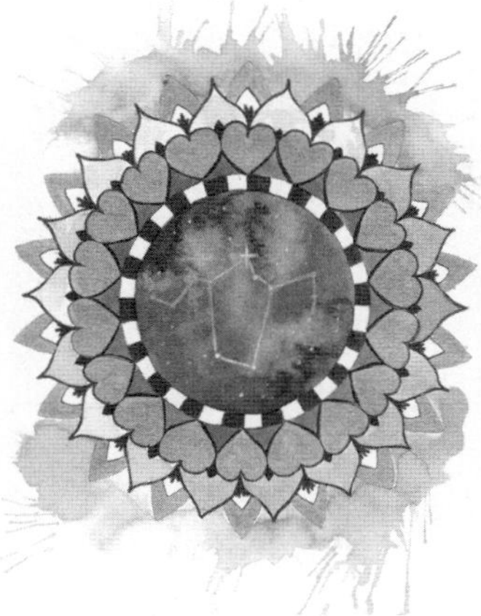

50

Lettre de modification de sa réalité

Cette carte vous indique que vous allez pouvoir libérer votre mémoire grâce à un saut quantique dans le futur : en écrivant votre réalité déjà matérialisée, vous allez pouvoir envoyer une impulsion dans vos futurs potentiels qui réagiront par effet de rétrocausalité en modifiant également votre passé ou votre présent.

Ce concept de physique quantique fonctionne formidablement bien et il n'est pas difficile à réaliser : selon votre problématique, vous allez simplement écrire une lettre à l'Univers qui racontera comment vous avez réussi à libérer votre blocage et toutes les bonnes choses qui en ont découlé. Vous devez écrire votre lettre comme si tout ce que vous désirez était déjà arrivé.

Par exemple :

« Cher Univers,

Depuis que j'ai effectué le tirage de L'Oracle d'Ankaa *sur mon blocage lié à la sexualité, beaucoup de choses ont changé. En effet, désormais, je suis beaucoup plus libéré·e vis-à-vis de mon corps et je sens que mes tabous ne sont plus présents. Mon·ma partenaire a littéralement senti ce changement, car nous avons redécouvert nos rapports intimes. Je suis très heureux·se et je continue de sortir de ma zone de confort afin de me sentir toujours plus libre dans ma sexualité et dans mon propre corps.* »

Vous n'avez pas besoin de croire à ce que vous écrivez, laissez le mental de côté et notez absolument tout ce que vous voudriez qu'il se passe, et laissez l'Univers faire le reste.

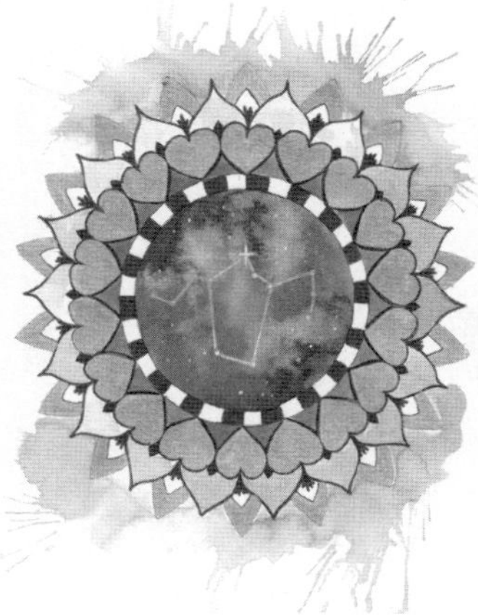

51

Lithothérapie

Cette carte est empreinte de l'énergie puissante des minéraux. Elle vous signale qu'utiliser leurs pouvoirs vous aidera à résoudre le nœud présent dans votre mémoire cellulaire.

Plusieurs possibilités s'offrent à vous :

- Vous rendre dans une boutique ésotérique et détailler le problème découvert dans les deux cartes précédentes, afin de demander conseil pour dépasser cette mémoire.

- Choisir vous-même une pierre selon votre intuition, soit en allant en acheter une en posant spécialement l'intention de nettoyer ce nœud, soit en choisissant parmi les pierres que vous possédez déjà celle qui vous paraît la plus adaptée en laissant faire votre intuition.

Pour terminer...

Je tenais une nouvelle fois à vous remercier pour cette confiance que vous m'accordez ! Un grand merci du fond du cœur. Puisse cet oracle vous accompagner tout au long de votre vie afin de vous aider à libérer et nettoyer les nœuds énergétiques et émotionnels qui vous empêchent d'avancer.

Je me dois toutefois, en tant que thérapeute, de vous donner un précieux conseil, qui est bien trop souvent non appliqué.

Ne remettez pas votre pouvoir personnel en cet oracle : c'est un outil de guérison, pas LA guérison. Si vous sentez que vous êtes dans une énergie compulsive et frénétique de tirages, prenez du recul. Ces cartes ne sont pas à tirer quotidiennement, sinon, vous allez créer des problèmes là où il n'y en a probablement pas.

Gardez l'usage de cet oracle pour les moments où vous êtes réellement submergé par les émotions ou le mal-être, les moments où vous bloquez sur une problématique, mais, encore une fois, ne faites pas plusieurs tirages sur celle-ci. Laissez du temps au nettoyage.

Bien trop souvent, nous voulons un résultat immédiat. Une libération peut être puissante, mais latente, et elle peut avoir besoin de temps pour se poser dans la matière.

Gardez en tête que vous avez en vous tout ce dont vous avez besoin, vous êtes entier, vous êtes parfait. Chérissez et aimez-vous du plus profond de votre cœur.

Stéphanie

À propos de l'auteure

Stéphanie Abellan s'est toujours intéressée à la spiritualité et au développement personnel. Tout son travail de thérapeute depuis dix ans est ainsi axé sur la libération et le nettoyage de la mémoire cellulaire. Créatrice des bijoux Medeores, elle propose ses soins et de nombreux outils thérapeutiques de développement personnel sur son site : www.lesmedeoresdankaa.fr

Elle est aussi l'auteure du célèbre guide d'éveil *Karma Bitch*, de *L'Oracle d'Ankaa* et de *L'Oracle des petits magiciens* parus chez le même éditeur, et de *L'Oracle des Medeores*, paru en 2021 aux éditions Exergue.

Retrouvez Stéphanie Abellan sur :
@lesmedeoresdankaa
Les médeores d'Ankaa

DE LA MÊME AUTEURE :

Pour les enfants :

L'Oracle des petits magiciens, Le Courrier du Livre, 2021.

La collection des contes d'Ankaa :
plus de 11 contes traitant des sujets tels
que la résilience, la pensée positive, le deuil,
la confiance en soi, l'échec scolaire ou les peurs.

Pour les adultes :

Karma Bitch, Le Courrier du Livre, 2019.

L'Oracle d'Ankaa, Libération de la mémoire cellulaire et des états d'âme, Le Courrier du Livre, 2020.

L'Oracle des Medeores, Éditions Exergue, 2021.

Good Karma Box, Éditions Contre-Dires, 2021.

Good Quantic Box, Éditions Contre-Dires, 2021.

Merci Connard !, Se libérer des souffrances émotionnelles, Éditions Contre-Dires, 2021.

L'Oracle de la

Flamme d'Ankaa

6

Partenaire

ou ex-partenaire

L'Oracle de la

Flamme d'Ankaa

25

Promesses

non tenues

L'Oracle de la Flamme d'Ankaa

9

Lien

au père

L'Oracle de la

Flamme d'Ankaa

40

Soin chakra

du cœur

L'Oracle de la
Flamme d'Ankaa

18

Vibrations

négatives

L'Oracle de la

Flamme d'Ankaa

Relations

répétitives

L'Oracle de la
Flamme d'Ankaa

45

Visualisation

créatrice

L'Oracle de la
Flamme d'Ankaa

24

Indépendance

L'Oracle de la Flamme d'Ankaa

12

Manque

de confiance

L'Oracle de la

Flamme d'Ankaa

30

Mauvais

choix

L'Oracle de la

Flamme d'Ankaa

50

Lettre

modification de sa réalité

L'Oracle de la

Flamme d'Ankaa

17

Trop-plein

émotionnel

L'Oracle de la
Flamme d'Ankaa

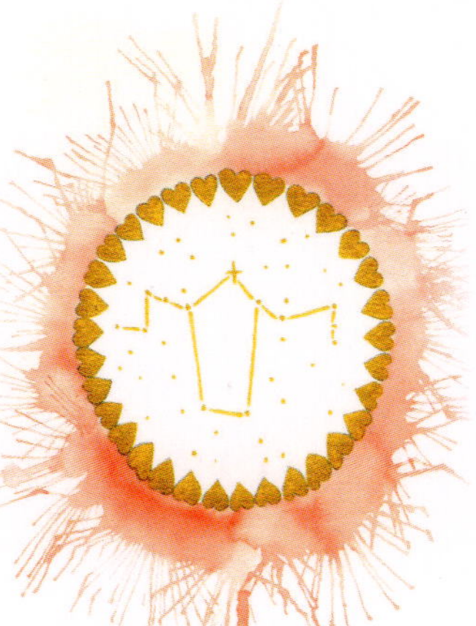

3

Les blessures

de l'enfance

L'Oracle de la
Flamme d'Ankaa

14

Lien

d'âme fort

L'Oracle de la

Flamme d'Ankaa

44

Acte
d'engagement

L'Oracle de la
Flamme d'Ankaa

20

Non-alignement

à soi

L'Oracle de la Flamme d'Ankaa

26

Enfermement

L'Oracle de la
Flamme d'Ankaa

49

Dialogue

face au miroir

L'Oracle de la Flamme d'Ankaa

43

Couper
les liens

L'Oracle de la

Flamme d'Ankaa

21

Lien

non profond

L'Oracle de la
Flamme d'Ankaa

27

Tristesse

L'Oracle de la

Flamme d'Ankaa

28

Colère

L'Oracle de la

Flamme d'Ankaa

19

Relation

toxique

L'Oracle de la
Flamme d'Ankaa

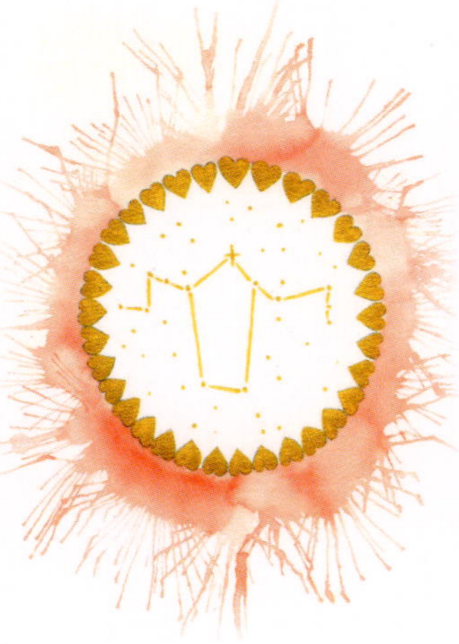

1

La lignée

transgénérationnelle

L'Oracle de la
Flamme d'Ankaa

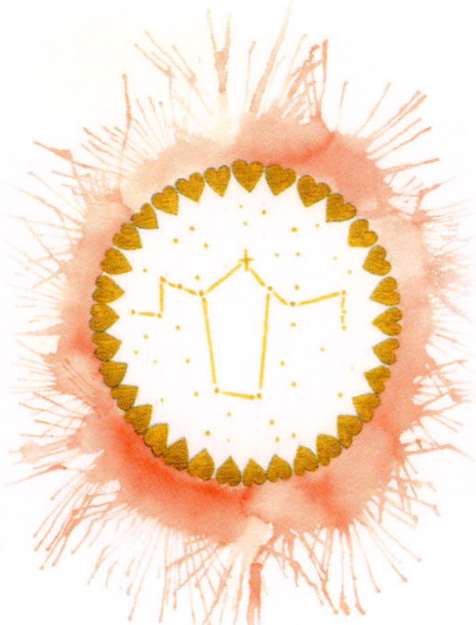

2

Les vies

antérieures

L'Oracle de la

Flamme d'Ankaa

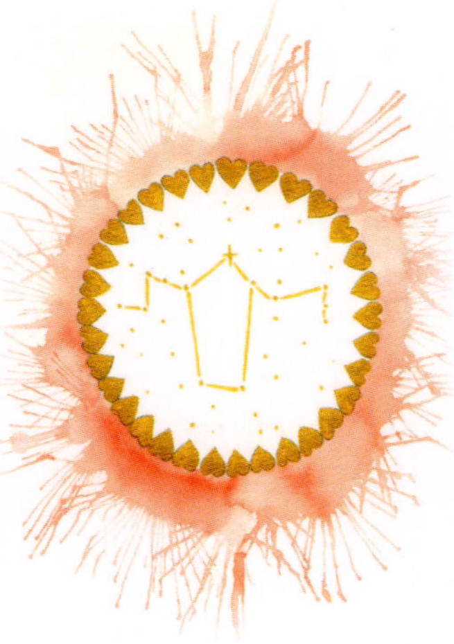

5

Traumatismes
d'adultes

L'Oracle de la
Flamme d'Ankaa

7

Trahison

L'Oracle de la

Flamme d'Ankaa

51

Lithothérapie

L'Oracle de la Flamme d'Ankaa

15

Pardon

non accordé

L'Oracle de la

Flamme d'Ankaa

11

Jalousie

L'Oracle de la
Flamme d'Ankaa

8

Peur

de l'engagement

L'Oracle de la

Flamme d'Ankaa

34

Enfants

L'Oracle de la
Flamme d'Ankaa

16

Âme

esseulée

L'Oracle de la Flamme d'Ankaa

Modèle

biaisé

L'Oracle de la

Flamme d'Ankaa

32

Dépendance
affective

L'Oracle de la Flamme d'Ankaa

29

Amour

de soi

L'Oracle de la
Flamme d'Ankaa

39

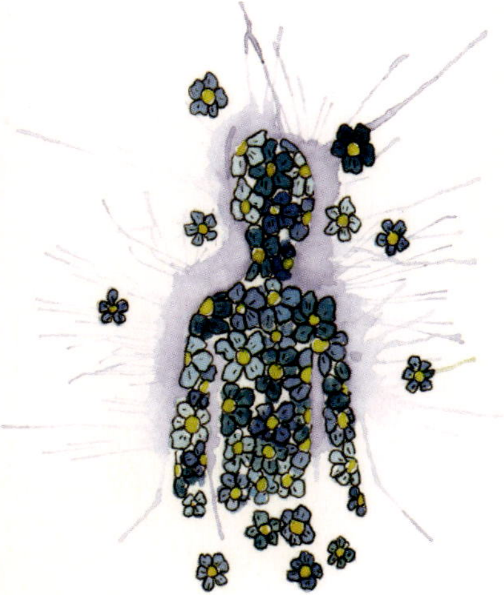

Idéalisation

L'Oracle de la

Flamme d'Ankaa

48

Lettre

de la loi de l'attraction

L'Oracle de la Flamme d'Ankaa

13

Possessivité

L'Oracle de la

Flamme d'Ankaa

36

Blocage
temporel

L'Oracle de la
Flamme d'Ankaa

22

Relation

miroir

L'Oracle de la

Flamme d'Ankaa

47

Aide

d'un thérapeute

L'Oracle de la
Flamme d'Ankaa

23

Sabotage
émotionnel

L'Oracle de la

Flamme d'Ankaa

42

Lettre

d'adieu

L'Oracle de la

Flamme d'Ankaa

38

Relation

précédente non libérée

L'Oracle de la
Flamme d'Ankaa

10

Lien

à la mère

L'Oracle de la Flamme d'Ankaa

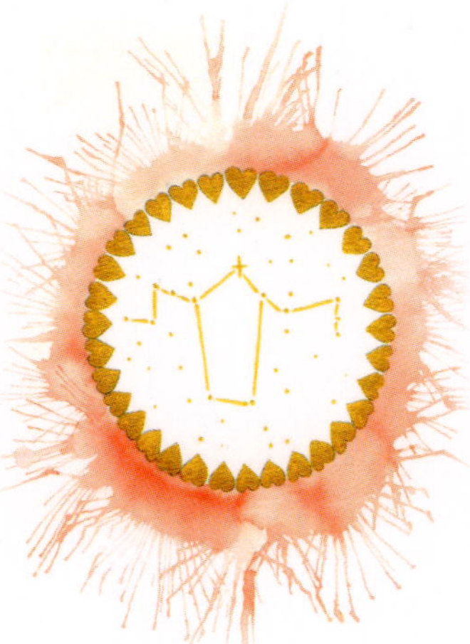

4

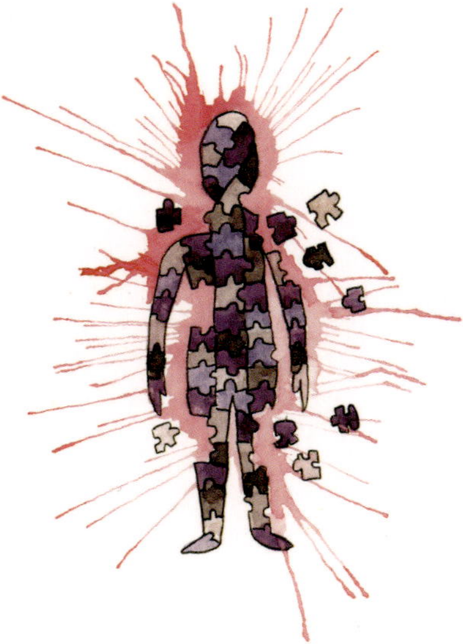

Les blessures

de l'âme

L'Oracle de la

Flamme d'Ankaa

33

Peur

de s'écouter

L'Oracle de la

Flamme d'Ankaa

46

Purification

L'Oracle de la
Flamme d'Ankaa

37

Sexualité

L'Oracle de la

Flamme d'Ankaa

41

Nettoyage
émotionnel

De la même auteure chez le même éditeur :

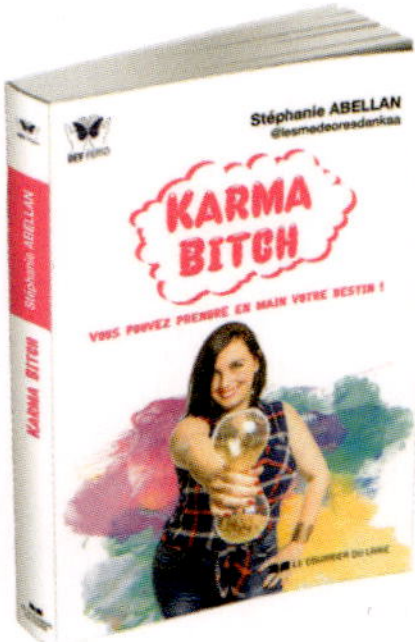

Un guide d'éveil complet qui vous accompagnera dans votre quête spirituelle avec humour.

Travaillez sur votre mémoire cellulaire et la libération de vos blocages énergétiques avec ce magnifique oracle.